JORGE ALBERTO OLIVA

PIADOSA HEREJÍA

ARGENTINA (EDITOR)

1

PRÓLOGO

AMOR Y VIDA, JUEGO DE TODOS LOS DÍAS EN LA POESÍA DE JORGE ALBERTO OLIVA

La creación de un texto poético exige de tres estados fundamentales del ser humano.

Cuando uno entra en esos estados de flujo, el texto brota, mana. Ellos son el homo demens, el homo ludens y el homo sapiens.

De allí surge el texto musical, la pintura o la obra que se construye con palabras.

Según el estado emocional y la motivación externa el texto se cargará de más amor, más locura, más juego y, en algunos casos, de razonamiento... Pues el amor es, de alguna manera, la musa que inspira al poeta y que lo conduce por senderos inesperados. A veces es tanto la pasión que no lo deja ver otro camino y lo lleva de la mano como si fuera ciego. Pero también el poeta puede reflexionar sobre el estado social en el cual vive y sueña...

Así, de esta manera, pensando en el amor, en las locuras del amor, en los sueños del amor, en los giros de la vida misma y las preocupaciones como ser social, invito al lector para que disfrute estos textos.

Desde el mismo título del poemario, ya entramos en el juego. Hay en la expresión, *Piadosa Herejía*, una denotada paradoja. La aparente contradicción se establece entre las dos palabras de la expresión, **herejía** y **piadosa** que podrían resultar por el sentido, términos antónimos. Entonces, cuando los analizamos por separado... ¿qué puede haber cuando alguien se enamora, piedad o herejía?

Luego los separa el poeta y cada palabra la usa en los dos poemas finales del libro. En *Piadosa*: *Una plegaria / a diez metros del suelo / una estampida.., / El dolor presente, todo es reciente /. El agua bendita que baña los rostros / La tarde estática /...*

Y en *Herejía*: *Llanto de basural / Joven muerta en el misterio / juez fallando / la pertinaz tenencia /.* Cargando a cada palabra por separado de su justo sentido.

En el primer poema, *Y seguidamente la vida,* aparecen los dos elementos del amor, tú y yo. Recarga en la balanza dos cosas primordiales del ser, amor y vida. Es decir, el amor construye o reconstruye la vida. Como quien encuentra que el amor detona la vida. */Qué puedo decir si después de mí vienes vos / y detrás de ti, tu hijo... / Qué puedo decir si detrás de mí viene la felicidad / acompañada de la profundidad de tu mirada /* El juego que en un poema lírico se establece en el tú y yo --en una declaración de amor, por ejemplo-- acá encuentra otro asidero. Encuentra la fuerza del amor cuando se entrecruza con la vida misma. Y rompe el binomio de la lírica con la aparición de otro elemento, el hijo...

En un refugio, las cosas están dichas con fuerza, con tenacidad, como en un contrapunteo... como si se peleara, con rabia... *Te buscaba abusivamente / con un humor cuadrado /* Un amor rabioso que se lleva con ira por dentro. Como si todas las cosas se las quisiera tirar encima. Estrellarse contra el ser amado y desquitarse a la brava. La piedad no asoma. Pero al final se estalla en una irreverencia. La expresión que se suelta a quemarropa cuando se discute.

En la *Huida,* el binomio del primer poema, tú y yo, vuelve a jugar. Se percibe que se reclama algo. Entre el deseo de la sombra y la huida. Entre encontrarnos y dejarnos. Hacernos daño y amarnos. Un amor conflictivo. Como es en la realidad. *Me quise apartar de tu boca /tanto / que no encontré otra igual /.* Las contradicciones del ser humano acercan a la vez... todo, igual que en el título, resulta paradójico. Esta excelente metáfora que sigue nos pone a pensar en la manera de estar dentro del otro o en el tiempo que se detiene: *Me recosté tanto en tus horas / que mi reloj se quedó sin agujas.* Al final tú me descubres y por eso soy, parece que argumentara. Pero la poesía no argumenta, recrea, y aquí se crea así en la concepción del texto.

Una amiga en el cielo, es un poema de una sencillez dulce, pero rico en imágenes. Ante la adversidad de la partida final, la amiga se retiene en las cosas que nos ha podido dejar: La foto y el bolso de viaje. Y las preguntas que nos podrían aliviar ante la ausencia…El misterio de la vida y la muerte. /*Te esfumaste de la foto / como de la vida.*

Me interesa –y debe interesarle al lector—a qué juega este amor. El título nos suelta la primera imagen. *Tu mirada sin mí.* Como si en el espacio donde se mueve el ser que se pretende no captara la imagen del otro. Del que se pretende o se quiere amar. El amor crucificado. En el calvario o en el Gólgota. Todo es dolor ante lo que se requiere o se ansía.

Este poema que me ocupa ahora, *Utopía,* es uno de los más interesantes por la estructura y el juego del lenguaje. El ego y la otredad. No somos nosotros, soy yo. *Hay una diferencia en esta utopía / Que todo no es nuestro / Todo es mío…* Hay una ironía –ironía y humor-- en el poema en la baraja de las palabras. Pues la utopía siempre es la esperanza que tenemos todos… Acá, en el individualismo, lo mío es mío… Ni siquiera lo tuyo es tuyo, se diría, pues lo mío es mío… Entonces, el otro no tiene nada o no cuenta…

Ellos, es un excelente comprimido. Con un final contundente. Título y final se encadenan en el desenlace. Valga la reiteración. *Ellos… los putos / recuerdos.* No he podido eludir el impulso que me ha cautivado leerlo y el aleteo en mis dedos y he tenido que copiarlo todo:

Ellos
como puentes a través de mi alma y el tiempo,
sinuosos e inflamables ciento por ciento …,
ellos… los putos recuerdos.

Lo que da el encuentro. La presencia de lo que se desea. En el poema, *Conmigo,* la convivencia… La fusión de los dos. El colchón inflable, la presencia del binomio. La libertad y la vida… en el amor…

En *Garganta,* todo se viene abajo. Así, igual al chorro de agua que baja de la cascada. Vertiginoso. Súbito. Escalera que se sube y se baja. La estructura.

De otra parte, no es el interés, al leer estos textos de Jorge Oliva, encontrar influencias. Que, por supuesto, debe haberlas. El interés es encontrar al poeta. Encontrar los motivos que indujeron al poeta al escribirlos. Encontrar a Jorge Alberto Oliva, el autor.

Ya, desde la introducción, NOTA DEL AUTOR, Jorge dice que "hay una apertura de otra ventana" por donde la poesía nos deja mirar la vida. Y dice que en esa vida hay otras cosas... la pasión, la familia, la calle, el niño abandonado... Pues en este libro, luego del tema del amor, de la pareja, el autor juega y reflexiona sobre otros asuntos que le incumben.

Por ello, en cuanto al tiempo dice*: / el tren pasa / los postes ni se ven / pero pasan / tus días y mis días / pasan... / inevitablemente / tu amor y el mío, / no morirán juntos / van a velocidades diferentes...* A veces el espacio y el tiempo se enlazan. Por ejemplo, *en Lugar. Sigues en el lugar.../ ese, de donde no quieres salir / el tiempo es un transeúnte...* Y de esa cotidianidad que va unida, por supuesto, a espacio y tiempo, *El perro del Chino*; */ Sumergirse en el mar de la rutina / de la rutina injusta e insidiosa / de la estrategia de socavar tu independencia / El trabajo, el dinero / El dinero, el trabajo.*

Y dos poemas de varias estrofas donde el lector puede sentir un tanto una rima asonante, pues están estructurados con base en el tango, *MI CASA* y *CASCAJO* pero que a la vez dan la dimensión del poeta al recrear el lenguaje de otra manera... Puesto que el autor se ha valido del verso libre en casi todo el libro, como suele hacerse en la poesía de hoy. Entiende que es el recurso metafórico lo que le da la licencia poética y no la rima y la estructura del verso.

De suerte que he reinventado en mi imaginario de lector, el amor, la vida, la rutina, el trabajo, los mismos sueños... el entorno y el contexto donde me muevo a diario al leer y releer estos novedosos y pegadizos poemas del autor argentino Jorge Alberto Oliva, su primer libro de poesía.

ANDRÉS ELÍAS FLÓREZ BRUM

Escritor colombiano

NOTA DEL AUTOR:

Hay una apertura de otra ventana, por donde la Poesía, nos deja mirar la vida.
Un espacio, un nuevo mundo lleno de cosas…, plagado de pensamientos y construcciones de realidades diferentes. Visiones resueltas.
En el mundo donde permanecemos, tal como se presenta ordinariamente, nos arroja a los lugares más temerarios de todos los mortales, esos lugares que no se piensan y que deseamos estar librados de ellos para siempre, pero es imposible.
Esos lugares en donde la vida transita y clava cuchillos, dispara, duele, frustra, angustia, donde todo se hace con pelea y bruta refriega de pensamientos e insultos, esos lugares mundanos desaparecen…, según de donde se miren y si la ventana es esta: la Poesía, nos deja vivir, transitar, ver sin la apabullante angustia de ver pasar las horas… para nada.
O para lo mismos males de siempre. Los mismos crueles destinos.
En la Poesía se resuelven, muchas cosas de este mundo, muchas visiones de una realidad no hallada así nomás, por cualquier mortal.
En este camino se agiganta el vivir, plenamente, exhaustivamente y tenazmente en carne viva.

Esta ventana por donde miro, tiene miradores: por donde se puede observar distintos aspectos de una misma vida.
Un mirador mira desde la pasión, otro desde una familia en la calle, otro desde un niño en un Hogar donde fue abandonado, otro desde donde una pareja decidió partir hacia rumbos distintos, otro donde un escritor logró con la Poesía cruel no pensar más en si, otro donde una nena pide en la calle, otro donde un anciano ya no puede caminar, otro donde un hombre no puede parar, otro donde una madre pierde a su hijo antes que ella muera… y otro desde donde el horizonte es eterno y nunca termina.

Como dijo Enrique Santos Discépolo:

"..aprendí la Poesía cruel de no pensar más en mi…".

---¡Oh, yo, qué rico, regalando a todos
todo lo que recojo y cambio con mis sueños!---

(*Piedra y cielo*)

Juan Ramón Jiménez

Y SEGUIDAMENTE LA VIDA

Qué puedo decir si después de mí vienes vos
y detrás de ti, tu hijo...

Qué puedo decir si detrás de mí viene la felicidad
acompañada de la profundidad de tu mirada

Qué puedo decir si en esa profundidad estamos
los dos, de mi hacia ti y de ti hacia el...

Qué puedo decir si después de mi
vienen ellos y con la felicidad a cuestas...

Qué podré decir... después de ver sus ojos
como mujer y como hombres

nada podré decir al ver la felicidad cara a cara...

Qué podré decir...

Con este nudo sabroso en mi garganta.

EL PERMISO Y LA VIDA

Se hace lo que la vida permite que hagamos
nosotros y los seres

vos, yo, nosotros
nuestras vidas.

Todo lo que está permitido, vivir
Solo lo permitido, vivir

Si hay angustia
que sea tu piel
que maldiga.

En esta
vida,
la única vida
sin
escapatoria.

Si piensas en otra
no pensarás en esta vida
La que te toca...

UNA AMIGA Y EL CIELO...

Desapareciste de la foto
quién hubiese pensado que lo harías?

Te esfumaste de la foto,
como de la vida.

Y todos los misterios
las preguntas respondidas:

en donde habitan las almas,
porque se sufre sin dicha,
me esperan todos a que llegue...?

todas,
en tu bolso de viaje,
todas las respuestas
escritas.

TU MIRADA SIN MÍ

Dentro de tu misterio
fui crucificado
Tu silencio
me compacta
me fusila

Algo me tiene atado
las cuerdas
de cristal
No se rompen
no se olvidan.

La navaja de tu mirada
me da escalofrío
cuando el desierto
me arroja
con sed sin tu presencia.

Y el último suspiro
exhalo
cuando tu beso
apaga mi sed
tu olvido...

CONMIGO

Lo peor para mí
fue conquistarte de grande.

Lo peor para mí fue...
Creerme.

Nunca,
nunca
consideré
la opción del colchón inflable como final,

Y la libertad
esa mujer
me propuso la vida.

GARGANTA

Mi garganta seca
con un flojo nudo
que como nada
me quema,
me recuerda,
me ahoga,
me paraliza,
me estrangula,
me anuda,
me ata,
me inhibe,
me hunde,
me cansa,
me lastima,
me harta,
me incomoda,
me saca,
me revuelve el estomago,
me revela,
me hiela la sangre…,
me da escalofríos
la paciencia de no putearte.

SOLA

Tu mirada parecía perdida..., tu atención
era frívola, tu postura arrinconada,
tu paciencia... como luz de vela,
todo tu cariño huracanado devastado,
inmolado...

te habían dejado y tu corazón
aún
no se enteraba de la tragedia,
aunque tus ojos...
eran sólo baldosas.

ARMAS

Cuando vi tu rostro después de la despedida
ya el barco se había perdido del todo,
en el horizonte.

Tu rostro quedo improntado en mi mente
como una señalada caliente.

El techo del camarote daba vueltas,
como quien estuviera en una montaña rusa.

El pañuelo fue un caso peor
su imagen nublaba mi retina,
con ganas de volver a verte.

Así, fue la única vez que imagine...
que te quería, que te amaba
y que seria nuestra despedida

Los poetas imaginamos miles de situaciones
paralelas
para poder vivir nuestra propia realidad armada.

Porque la verdadera realidad,
la vida...
nos desarma todos los días.

En un refugio

Te buscaba abusivamente,

Enfermo,

con un humor cuadrado

con un carácter de perro atado, olvidado,

loco.

Los versos que parí me dejaron

tonto deshilachado

cerca de la nada...

Cada vez que cerraba la puerta de mi departamento

te encontraba

y la desesperación me mordía el culo.

SIN NADIE

...en el rincón, compartimento de mi refugio,
yo mismo y tu sonrisa

...el sueño profundo de almohadas y sabanas,
traviesas con tu imagen

...el dolor del silencio espantando los duendes,
que circundan mi rincón y mi refugio

...las viejas chamanas que espantan las hadas,
y tú ...ya ni vienes

...y tú, a quien espero... ya ni vienes.

PERDERSE

Quizás nunca debiste pintarte los ojos... ni los labios
tal vez fue una trata de inconscientes instintivos,

...cazadores furtivos perdidos en la selva...
tal vez heridos, por la vida que dispara a matar,

...mercenarios del amor, nuevamente los inconscientes
perseguidos por el destino tenaz de perderse...

como los años... como los sueños... como tus besos.

DE TODO...

Tu humor ácido como un limón verde
y mis esperanzas
como dos ladrillos secos
que no pegan...

mis caricias:
de lija
te lastiman

mi sombra te huye
mis pasos de algodón

para no despertarte
para no arrimarte

...cuánto desamor
me condeno
a perderte.

HUIDA

Me metí tanto en tu vida, que me gane un disgusto.

Me quise escapar de tu boca, tanto,

que no encuentro otra igual.

Me recosté tanto en tus horas

que mi reloj se quedo sin agujas.

Dispare tanto una nueva pena,

que pena es esta vida, termine diciendo.

Fui tan , tan solitario en espiarte

que terminaste siendo mi única mirada.

Me escondí tanto de mi mismo

que solo te encontré a vos... descubriéndome.

LUGAR

Da la vuelta como nada
tu alma, en un costado de todo
recoveco distante...

Cuánto tiempo en el lado observador...
del lado del volante
...hoy de acompañante...

Sigues en el lugar...
ese, de donde no quieres salir
el tiempo es un transeúnte...

Aquí donde quedan pocos
cuerdos, que conduzcan vidas,
aquí te pesan las mismas excusas...

Para no hacer a tiempo...
para no hacer la forma,
para no aplacar el tormento...

AUSENCIA

Escucha el susurro, de tu corazón,
de que está hecho?

que siente... que duele,
cómo hace?

esa sombra desaparece,
como un fantasma

alguien visita tu vida,
desde dónde...?

no era
como un mortal,

visible...

Escalofrió
soledad
silencio.

Las horas de la angustia
que no pasan nunca,

menos
cuando tu caricia
no llega
y no calme.

SIN TI

Qué hace que no pueda saber

bucear en tu alma

Desde aquí
no hay tregua

En quien tú piensas?

Que cerca mío
adviene la pena...

Que lejos mío
adviene la alegría...

Que hace que no pueda saber

que ahogo hay en
tu silencio, mi vida...

Que recuerdo maldito
te penetra
hasta el fondo
de tu alma

Que no he sido testigo
ni acreedor
ni deudor
de tu dicha.

VONTADE

...tu mirada, robarla, como un jazmin
por la mañana,
es mi anhelo
que nadie ...tenga el deseo
de robarla
siendo yo
el único
dueño.

... tu pensamiento, todo
apoderar,
es mi anhelo
que nadie... pretenda
ser hombre
en tu camino,
siendo yo
el único
dueño.

...quizás tu sed y mi sed
se apaguen
solas
en su destierro
en su desierto
en la piel
de nuestro encuentro.

MIS TRES

Me tiene atado
sin aliento
el recuerdo,
de mis tres guardapolvos blancos
sonrientes...

extremadamente bien peinados
prolijos,
como el contorno
de sus ojos,

sus labios
sus manos
pequeñas,
como racimo
de flores silvestres...

Sus ojos
como la mañana
como el sol
como el cielo

el tiempo
en mi memoria
se desvanece
y
me tiene sin aliento, sin prisa,

el recuerdo
de mis tres guardapolvos blancos

sonrientes.

APARECIDA

De lo invisible cuando no estás
a lo visible cuando te acercas....

el espacio ese que rellena tu perfil
tu sonrisa como la onda de un lago

tenue y profunda
como el bosque de tus cabellos,

que como aroma de tierra mojada
penetra ata y muere en mi alma,

embriaga mi silencio
al caer en la ira de no tenerte,

de lo invisible cuando no estás
a lo visible cuando te acercas...

me duele.

TAL VEZ

Puede ser...
tus labios mi embrujo?

Puede ser
cuando cae la noche
no besan

Quién creara
la magia que quite de mi
¿este embrujo...?

Tus labios aun sellan
mi destino...

Cuando la noche cae
y te pienso...

y el remedio de
tu aroma

no me envuelve
no me tiene...,
me libera
del
hospicio.

FLORES DE LA TARDE

...que he tenido
la tarde más profunda de mi vida....

...que he tenido
la tarde con un sueño de miradas...

...que he viajado
en una nube hasta permanecer por horas

...que he custodiado
un ángel en la tierra bañado de sol

...que he sido testigo
del cielo en mis brazos

... que era sangre de mi sangre
que era el hijo de mi hija,
te digo...!

tan dulce como lágrimas del corazón,
que existen pocas
me dicen...

son dulces como miel
te digo!

...que he tenido
la tarde con un sueño de mirada...

...que he viajado
en una nube hasta permanecer por horas

...que he custodiado
un ángel en la tierra bañado de sol

... que era sangre de mi sangre
que era el hijo de mi hija,
te digo..!

tan dulce como lágrimas del corazón
que existen pocas...
me dicen...

DEAMBULADO

Hundido
dentro de un torbellino
quedé enredado
entre polvo
chatarra
alambres,
árboles abrazándome

atrapado
en pantanos
enredaderas
plantas carnívoras
y al borde del precipicio

estuve por
unos inciertos momentos
y fueron eternos
cuando descubrí
que fue una pesadilla... tu olvido.

MI OBSEQUIO

Pétalos
congelados
helados
queman
la piel
se resquebrajan
y sangra
mi piel al tocarlos...

Cada vez que te recuerdo.

LÍMITES

Si me dieras ese capricho en un puño
Lo haría polvo

Si me dieras un poco de pasión
Me la comería desaforado

Si me dieras parte de tu cuerpo
Lo conquistaría hasta hacerlo mío

Si me dieras a elegir entre
no tenerte y callar el secreto

Elegiría calla, por amarte siempre.

ENTRECRUZAMIENTO

Mi hueco
mi ladrillo gris
estomacal,
solo
desaparecerá:

cuando mis labios
se posen en los
tuyos y logren
borrar...

sanar
la pesadilla,
la bruma helada
de un ánima   perdida

habito entre
tu amor y mi amor...
callada.

MALICIA

Quisiera saber
tus horas, como las mías,
si empacan miradas
en mi dicha.

Salen a buscar
descubiertas o
escondidas
si hallan mi territorio,

Mi ciudad perdida...

DESIERTO

... y hasta cuando voy a perderme en tu tiempo
como agua
entre piedras
los días,

mis rodillas
sangran,
mis labios resecos,
empolvados...
del tiempo que hace que no lo mojan tus besos.

SUN A MÍ

Raja tabla la pelea,
en la nada,
en la bronca,
como choque en tus oídos.

La amenaza
se repite,
y la muerte
o el hospicio?

De salida
al encuentro
un remedio nunca dicho
el olvido un prejuicio.

Pero es mío
se repite
Y se hamaca
Como un niño...

DIGO

Cuando digo:
que el metro que mide la distancia entre tú y yo
está lleno de amor...

Cuando digo:
que tus ojos ya tienen dueño y no se venden

Cuando digo:
que tu travesía me oportuna en la vida

Cuando digo:
que mi rostro cambia al verte y mi llueve el corazón

es que
la conquista ya fue presa
y perdura sin razón.

VIVIR

Juntar las cosas
antes de irte,
mirar del otro lado

de las puertas....

Sentir
que la piel deja
tu cuerpo
osadamente.

Y perdurar
como cactus
del desierto
me han dicho...

¡Vivir!

COBRA

Tu cuerpo
como cobra
mis manos
sin soltarte exploran,
bordes ínfimos,

allí mis labios
se posan,

apenas
la piel del durazno,
atravieso
y mi boca
busca
la pulpa
ardiente que moja...

CUANDO DIGO:

que el metro que mide la distancia entre tú y yo
está lleno de amor...

Cuando digo:
que tus ojos ya tienen dueño y no se venden

Cuando digo:
que atravesar esa montaña juntos de la mano
es una oportunidad...

Y

Cuando digo:

Que mi rostro cambia al verte y mi corazón bate de alegría...
es que

tu amor me ha conquistado y no pienso más en nada...,
solo en quererte.

UTOPÍA

INSTALARON LA NUEVA UTOPÍA.
- **INSTALLED NEW UTOPÍA**
  - **УСТАНОВЛЕНА НОВАЯ УТОПИЯ–**

Volvieron a colocar la utopía de moda:

Como último recurso

La rabia   a los otros
Los fantasmas   corpóreos
Los medios   y los enteros
Los militantes   los disertantes
Los nacionales   los internacionales
Los planes   y los desplanes

Pero   cuidado

Lo mío   es mío
Lo tuyo   también es mío
Lo de otros   también es mío
Lo nuestro   es mío

Hay una diferencia en esta utopía

Que todo no es nuestro

Todo es mío...

Hay una diferencia en esta utopía..., lo mío es mío.

Miserables.

ELLOS

Han sido
como puentes a través de mi alma y el tiempo,
sinuosos e inflamables ciento por ciento...,
ellos... los putos recuerdos.

SI VIERAS SU SONRISA

Abandonados
niños:

como una mala suerte
como nadie lo hace
como paraguas roto
como cachorros... que ni se paran.

(la angustia que ata
mi culo a la silla)

Y dejarlos abandonados,
a qué padre
y a qué madre
no le brota el pecho...

(la angustia que ata
mi culo a la silla)

como una mala suerte
como nadie lo hace
como paraguas roto
como cachorros... que ni se paran.

Abandonados... a la tristeza de vivir sin nadie.

TODO INDIVIDUAL

Pizza individual
Cerveza en lata

Jugada individual
Solo frente a un penal

Carrera individual
Puntero con una vuelta de ventaja

 Pelea individual
El premio es para uno solo

Conquista individual
Esa mujer es toda para uno.

Sillón individual
Hamaca paraguaya

Y tu corazón solo,
Late por vos mismo...

Nada más individual
que
nuestra muerte

una para cada uno.

NI DEL AIRE NI DEL CIELO

No esperes nada de la tierra
ni del aire
ni del cielo

No esperes que el tiempo
se detenga
y crean tu cuento.

Tu vida
un silencio

un silencio mas otro silencio

No esperes nada de la tierra
ni que llueva
ni que amanezca con otro cielo.

DESPUÉS DEL ASESINATO

Si tu cara no cambia,

nada cambia en esas caras.

Cada día hay más muertos en vida...

Hay vidas que destilan

ácido

como si fuesen lágrimas,

lastiman

transitan

corroen el alma.

EL PERRO DEL CHINO

Sumergirse en el mar de la rutina
de la rutina injusta e insidiosa
de la estrategia de socavar tu independencia

El trabajo, el dinero.
El dinero, el trabajo.

Sumergirse en el mar de la rutina de la rutina injusta e insidiosa
de la estrategia de socavar tu independencia

Será como el perro del chino en la puerta, en medio de todos los que entran,
que como un umbral negro despliega…, ¿la libertad?

Que libertad la del perro del chino…
hay veces que ni te mira… no le importa… ni le molesta,

que pases por arriba de él, con el peligro
que su vida corre… rutinariamente.

Hay veces que es más consciente del mar de la rutina que mí
obtuso cerebro.

Hay veces que ve el mar en donde me muevo,
y desfallecidamente levanta su ceja

y me mira con lastima, con absoluta lastima
pobre de mí… dice el perro del chino.

EJERCICIO

El hombre en el umbral de su vejez
lee todo lo que lee como siempre
de corrido y en voz alta...,

Los hijos apabullados, en como leen sus padres,
lo comentan riéndose a escondidas.

Lees en el umbral de tu vejez
y todo lo que lees como siempre
de corrido y en voz alta.

Tus hijos apabullados en como lees
lo comentan riéndose a escondidas.

Yo, en el umbral de mi vejez
leo todo lo que leo como siempre
de corrido y en voz alta.

Mis hijos apabullados en como leo
se que lo comentan riéndose a escondidas.

Después de todo,
yo estoy en el umbral de mi vejez...

y hago cosa que no me importa
como se ven.

EN EL MAR

Puedes navegar en el mar del "Deseo de verte"
y ahogarte en ese mar...

Puedes hundirte en él.

Perder tu cabeza
y nada...

Desaparecer sin el más mínimo vestigio de haber
nacido.

SIN DESPEDIDAS

...que lejos que esta el mar.
Que lejos que esta el horizonte, que lejos que están... esos brillosos
ojos
sirena

...que barco se lleva el mar.
Qué lejos está el horizonte, que lejos que están... esos brillosos ojos
sirena.

Tan profundo... tan lejos y yo aquí, casi dudando de levantar
mi mano
para agitar el pañuelo.

 Ya ni fuerzas...

Quién abra inventado las despedidas.

¿En esta vida?

Prefiero los recibimientos a las despedidas...

PARALELO

Cuando los tres se fueron
y el horizonte
propuso distintos caminos

Estuve en el centro
como surco perdido

Como alabanza sin Dios
sin Santo sin Virgen

Cuando vi que de niños
pasaron a ser hombres

fue piedra, roca, granito
cada lágrima por mi rostro

la sangre caía como gotera
inundando mi dolor

ya nada era real
todo pasó a ser paralelo

como si mi vida
ya hubiera existido

permitido
insistido
asistido
solo por el recuerdo...

TUS OJOS

Observé tus ojos
los volví a dibujar
en mi memoria

como rueda que caía
de lo alto de la montana
mi espíritu partió

partió a un mundo
diferente,
donde los recuerdos...

no tienen cabida
no tienen existencia
donde todo es cada vez que se piensa,

por esto
perder los recuerdos
es como renacer cada día

armar castillos de fósforos
desarmar la noche
sacando estrellas ...

dibujar senos
cinturas piernas sonrisas
empezar todo de nuevo

como un amor todo los días.

DETENIDO

Como podría detener
el tiempo
en tu Mirada...
sobre la mía.

Como detener
tu mano
en mi libertad
una tarde
o todo un día

Como solo mirar al cielo
de espaldas
sin prisa
sin
        ni   siquiera
una brisa.

EL SILENCIO

El silencio es como el olvido,
nunca quisiera ser parte
del silencio de tu olvido...

Sería como perder la memoria
como un corazón que desangra
pena
tristeza
en un sacrificio
en un rito...

El silencio es como el olvido,
Nunca quisiera ser parte
Del silencio de tu olvido...

NUESTRO TIEMPO

el tren pasa
los postes ni se ven,
pero pasan
tus días y mis días
pasan.

las nubes pasan
no hay una nube igual,
pero pasan
tus días y mis días
pasan...

mis días pasan
a mayor velocidad
que tus días.

mi amor perdura
con menor vida
que el tuyo;
cuando mis
días pasan
a mayor velocidad
que tus días...

inevitablemente
tu amor y el mío,
no morirán juntos,
van a velocidades diferentes...

PASADO I

Gemía preguntando...,
lágrimas corrían sin parar
lunas desvanecidas
en la madrugada...
Sus ojos
rojos de la noche infartada
el alma,
no estaban en paz:
 cuestionaba
y deambulaba,
la nada
del alcohol
en la dulzura que mataba
asesinaba.

Mientras
la serpiente de estrellas
daba vueltas
yo,
no volvía a mí,
no regresaba...

FRUTILLAS Y ARÁNDANOS

Frutillas y arándanos
recuerdos de tu piel

aroma que perdí
en mi memoria

nada
que me lleve

a salvarme
a curarme...

de este estado crónico de desearte en vano.

Frutillas y arándanos en mi corazón.

DOCK SUD

roca
azul y negro
mi mente
piedra

mi estomago
frente al recuerdo
nudado
tu rostro que no espera

tu piel
distinta
a Dock Sud
hoy

es que la infancia
convertida
en un rompecabezas,
se torna niebla
se torna bruma ... con los años.

ETERNO

camino con piedras bellas
cuando tu sonrisa
es todo
mar
tarde de sol
la mejoría...

tu aroma
con sabor a tu intimidad

y tu cintura llena mis brazos
mi corazón,
hasta mi inmortal
dicha...

ETERNO II

Es que mi inmortalidad

es
tu sonrisa

mi congoja cuando te vas

cuando no estas...

como voy a morir
si te quiero...

amor,

¿Cómo?

AÚN

Si esta noche no tuviera estrellas
si fuera toda
impecablemente
lozana
como tu rostro,
allá
en el cielo.

Si supiera
que aún persiste
tu mirada
en tu aguja,
cosiendo.

Diría
que has resucitado
esperando mi verso
mi anhelo
tu cielo.

ALTO INVIERNO

Como perdida
ruedan
hojas
más hojas
muertas...

nuestra alma
resquebrajada
rueda
a la deriva,

y la distancia
que no mide
que no vive
en profundidades

que hace que
 no se dibuje en mi retina,
tus ojos...
mi vida.

SIN PENSAR

Te escribo
Como te hablo
Cuando te escribo
Te observo
Te escucho
Y me quedo callado
No porque hables mucho ni rápido
Si no porque
Me entretienes...
Y no pienso.

MI CASA (TANGO)

Los Ladrillos y la casa
empolvan mi Corazón.
Mi viejo levanta chispas:
oficio de pulidor.
Mi vieja cose los trapos
encorvada en el galpón.

Los amigos y los tíos
ríen y sueltan la voz
en sábados de empanadas
y de imposible misión.

El patio amarillo y rojo,
hasta el blanco paredón.
La higuera de la Tía China
loca de visita y sol.

Lila ladra enamorada
del Lobo, su gran amor.
en el fondo , donde reina
el aroma de cedron.

Limonero y carretilla,
chapa, escalera y pelón:
cosas de la casa mía
que el tiempo desvaneció...

Coosaas de la casa míaaa
que el tiempo desvaneció...

CASCAJO (TANGO)

Ya   estas...
Como un mueble
Ya ni se mueve
Pintado a la sin sazón

Tú esquina
Aquella que te abrigo
En tardes
De siesta
Locura de mandarina y sol

Hoy vas
Moviendo como un carro
Tu cuerpo
Tu sueño tu dolor.

Cascajo te dicen
Aun lao
Correte
Que no ves
que no hay lugar para vos.

Pensar así
De purrete
De guapo
De loco peleando por un amor.

Hoy casacajo te dicen
Y a nadie se le cae
una triste
lagrima por tu corazón.

Cascajo te dicen
Aun lao
Correte
Que no ves
Que no hay lugar para vos...

PIADOSA

Una plegaria
a diez metros del suelo
una estampita
en una mano muy sucia
Los escalones que desgranan rodillas
El pie de Plata
lustrado de tantos besos
El vitral empañado de tanto polvo
La humedad que cobija todos los deseos
El dolor presente, todo es reciente
El agua bendita que baña los rostros
La tarde estática
de susurros de DÍA
La vuelta hacia fuera
cuando veo tus ojos
caídos de lado
Mirando piadosos
tu amor hacia el cielo.

HEREJÍA

Llanto de basural
Joven muerta en el misterio
juez fallando
la pertinaz tenencia
Anciano abandonado
de olor dolor
de hastío
Destruida la tarde
frío de hielo sala de espera
Que te cortan un dedo
al final del cementerio
Que el secuestro de niñas
no esta permitido
Que en el frente resisten
los separatistas
los unistas
Que en la selva
no se cosecha comida
Que la Paz perdura...?
cagada de risa.
Que tu traición se mira
como decir Buen Día

que todo
todo es Herejía.

ÍNDICE

21. VONTADE

22. MIS TRES

23. APARECIDA

24. TAL VEZ

25. FLOR DE LA TARDE

27. DEAMBULANDO

28. MI OBSEQUIO

29. LÍMITES

30. ENTRECRUZAMIENTO

31. MALICIA

32. DESIERTO

33. SUN A MI

34. DIGO

35. VIVIR

36. COBRA

37. CUANDO DIGO

38. UTOPIA

39. ELLOS

40. SI VIERAS SU SONRISA

41. TODO INDIVIDUAL

42. NI DEL AIRE NI DEL CIELO

43. DESPÚES DEL ASESINATO

44. EL PERRO DEL CHINO

45. EJERCICIO

46. EN EL MAR

47. SIN DESPEDIDAS

48. PARALELO

49. TUS OJOS

50. DETENIDO

www.ingramcontent.com/pod-product-compliance
Lightning Source LLC
Chambersburg PA
CBHW022040090426
42741CB00007B/1146